offen und unbenannt

AF190825

für Delia

OFFEN UND UNBENANNT

Gedichte

Günter Dobler

Bibliografische Information der Deutschen Nationalbibliothek

Die Deutsche Nationalbibliothek verzeichnet diese Publikation in der Deutschen Nationalbibliografie; detaillierte bibliografische Daten sind im Internet über http://dnb.d-nb.de abrufbar.

Impressum:

© 2009 Günter Dobler
Umschlagfoto: Delia Rosa Herrera de Dobler
1. Auflage Januar 2009

Herstellung und Verlag:
Books on Demand GmbH, Norderstedt
ISBN: 978-3-8391-3109-1

Inhaltsverzeichnis

Auftakt

SCHREIBEN

Beim Schreiben geht durch die Hände zum Papier etwas,
das weder an Händen noch an Papier haftbar ist,
weder von ihnen kommt noch dorthin gelangen soll.

So steht man, während die Reise woanders stattfindet.
Während man stillsteht, geht vieles seinen Gang.
Etwas entleert sich, etwas füllt sich: Die Waage kippt über.

Es ist, als wenn man träumte, die Auswürfe des Traums aber
poltern und poltern.

Lebensverhältnisse

LABYRINTH

Vielfach verwoben sind die Gänge,
die wir abwandeln, abstreifen einen um einen,
um jeweils zwei neue anzulegen. Die Stränge,
an denen wir hangeln, die groben, die feinen,
geben uns die nötige Flüchtigkeit. Vielfach
sehen wir am Horizont die Sonne schwingen,
so senken wir rot und blau und rot
das Gesicht in jedwelche Richtung, mehrfach. Singen
vom Atmen, vom Trinken, vom Boot,
das uns hinüberfährt, singen und singen.

Es ist so einfach zu irren, zu verwirren die Sinne,
kleine Gefäße sind leicht zu überstürzen, zu überfluten
mit nur ein bisschen mehr Inhalt. Die Gewinne
sind nicht unsre, die guten schon gleich gar nicht,
wichtig wäre der Verzicht, doch verzichten wir nicht.

Pflanze um den Blinden einen Wald und schon bald
dreht er sich und meint immerfort er wäre verloren,
doch auch ist es möglich, dass er meinte, er hätte denselben
Halt
an jedem neuen Stamm, dann wird er, obwohl immer neu
geboren
immer älter, immer sicherer, immer verirrter.

Umso verwirrter wir, die wir ungewiss kommen und gehen,
die Hände strecken und nichts berühren. Wenig sehen,
vieles nicht sehen, nicht hören, nicht fühlen. Die Wegzeichen
sind klar gestellt, doch unleserlich. So weichen wir
den scheinbaren Abgründen, streichen das Tägliche ein,
wiegen das Brot in der Hand und lächeln.

HAND

Die Hand knallte ans Fenster
flatterte
wunde Singvögel
in Scharen ausgezogene
nackte Hände

geschäftig rührt der Bettelstab
bohrt an den Herzkapseln nach Öl
schlägt am Asphaltfels nach Wasser

die Kreuzung sei gelobt als Land
verchromt blitzen die Sterne darüber
halten und aushalten
tapfer dem Leiden nichts schenken
nicht einen Groschen

ANDEFINIERT

Alles wurde andefiniert
die Flügel groß, die Tore verschlossen
aus dem vergifteten Brunnen alllebenlang
undurchführbare Mauern

als auch die letzte Zündschlange verdarb
wurde die Lage endgültig
Mühlsteine mahlten an den Wänden
ein Spielmannszug kam heran
fand ihn
durch's häufige Herzschlagen
schachmatt

Nichts draussen lassen

Nichts draußen lassen, alles vereinnahmen,
sich anfüllen mit Schwerem, mit Leichtem,
mit dem allzu Gehäuften,
der Sinne Verschwendung,
der Augen Verblendung,
des Herzens Schwüle,
des Verstandes Kühle.

Die Hände sich reichen, sich hineinreichen
ins Herz, die Stollen ausschürfen,
das Erz brechen und mit Lehm verschließen die Einsamkeit,
die Vielzahl, die Leerzahl,
das Minus, das uns auswirft
die Rechnung des Lebens.

HERZBOGENINNWÄRTS

Herzbogeninnwärts
wie die Silben, die unendlich langen
langen tief
gewässertief abwärts
flusswärts entmeert

Strahlaugengerade
flitzt sternwärts
kurzgeschorener Blick

Militärisch gegrüßt
seist du Schicksal
versammelt stehn wir in Reihen
Glied um Glied
entkettet

Regen bei Nacht

Ein Mundvoll Regen
ein Mundvoll Silberwasser
den Mondzweig ins Herz biegen
und geflochtene Leerwörter
vors Auge

tausend und abertausend
Globosphären zischen herab
klingen ans nachtgefaltete Lid

steinhart bricht es herein
die Pforten schwingen
die Horde rückt
über uns
der Hufschlag
trommelt
an unser
Stirngrat
Herein!

BERGE

Es ist ein andrer Wind, der weht in der Höhe
des Felsens; kühle Ströme über Spiegeln von Schnee. So spürt
man sich im Gegensatz des Atmens, als Bestehn geführt
gegen Steilheit und Sonne, gelöst aus jeglicher Nähe,

aus jeglicher Ähnlichkeit mit allem, reines Schaun,
reines Pochen und Weite des Horizonts. Man ist
grausam weit, seelenlos glücklich und bemisst
die Welt unten neu bis man ohne Vertraun

wieder das Flache betritt und darin wohnt
als wäre nie etwas geschehn, vergisst was oben
war. So schlendert man und schont

das Große, kreist im Kleinen der Höhe enthoben.
Doch immer wieder misstraut man, fühlt sich entthront
und im Gewohnten ungeklärt spiegelverschoben.

WANDERN

im Treiben der Blätter wandern
ohne zu ruhn
ein Schritt um den andern
das einzige Tun
es duftet die Erde so mild
im Schritt um den andern
es treiben die Blätter so wild
im Treiben der Blätter wandern
ein Schritt um den andern
das einzige Tun
ohne zu ruhn
wo wird der Wald enden?
die Sonne wird blenden
ich mich drum wenden
um im Treiben der Blätter zu wandern
und ohne zu ruhn
das einzige tun
im Treiben der Blätter wandern
und nie darin ruhn

Beschreibungen

EIDECHSE

Schlingert ins Vertikale
schießt ins Smaragdgrün
sie rudert ans Fenster
zwei Hemisphären sind an den Kopf gebunden
außerdem die Reihe dünner Zähne
das Gegensteuer schlingert um die Ecke
Falterstaub am Maul
sonnbar

KREIS

Der Kreis als Rundung
aus dem vollen Inneren
in das leere Äußere;
eine Farbenblähung
im dünnen Luftraum
der sogenannten Wirklichkeit;
Bläschen brechen Klarheit
und biegen Licht
in leere Köpfe:
Blumenrausch

Schmetterling

Zerworfen ist sein Flug,
ein ewiges Zerbrechen,
Zerfallen und
Zerspringen feinen Glases
unter dem Druck
zerstörender Luft.

MAGNOLIENBLÜTE

Ein weißes Linnen
um einen lichten Raum
als Leichnam des Schönen;
ein Ende vom Weiß
zum offen Begrenzten,
ähnlich wie Haut an einer Wunde
sinnlos groß.

SIE STEHN SO STILL UND IN SCHAREN

Sie stehn so still. Und in Scharen
verweilen sie, stumm und in sich gekehrt.
Vielleicht gibt es ein Flüstern, mit dem sie verwahren
die Stille, sie verschließen, damit sie nicht verkehrt
auf unseren Straßen, die wir durch sie führen
ohne Anteil zu haben an ihrem Schoß,
dem wir entkamen und seit dem mit offenen Augen nicht mehr
sehn.

Sind wir unserem Gedächtnis bereits so entfallen, dass
wir sie nur noch betreten, nicht aber versinken in ihren Lücken
und überbrücken so unsere steilgerade Stirn,
damit sie nicht geradewegs in die Sonne führe,
sondern verweile im Schatten,
um noch ein bisschen fortzudauern?

WALD I

Vielfach gewendet entgleitet das Licht.
Mehrfach die Schatten sich brechen und weichen.
Doch überall findet sich
der Ruf und die bleichen,
vielfach gewendeten Worte
sind ineinander geflochten, verpflichten sich
und bringen die Sorte Taten hervor,
die vernichten des Verstandes Regentschaft.
Fachschaft der Sitten, die entblößen
die Größen des Herzens,
verstoßen im Dunklen, im Erdwerk, im Erdreich
verwurzelt, pulsierend, doch dunkel hinab gedrückt,
von der Sonne gedeckelt,
so zu.

WALD II

Und im gewendeten Licht der Blätter
verbarg sich ein Mensch
als kleinster der Bäume
in einem helleren Schatten
als draußen,
um stumm
mit dem Finger die Winde zu führen
und durch eine tiefere Nähe
in die innere Sehnsucht der Wälder
zu fallen:
feuchte Erde

BIRKE

Sie ist hell und licht,
dicht ist keiner der Räume,
der um sie und in sie sich webt.

Die Blättchen sind zierlich und wie eine Handvoll,
obwohl Tausende als stilles Glockenspiel im Winde drehn.

Jedoch peitscht sie die anderen mit ihren weichen Gerten
und die weiße Haut, die feine,
ist voller schwarzer Geschwüre,
die schwelen und Leeres eitern.

Sie ist leicht und eifert der Schwere
(wie sie die tiefen Gedanken doch hasst!),
hält leichte Blätter in die Sonne,
deren Schatten
noch vor der Erde verblassen.

Rauhreif

Holz mit Kristallfahnen
schimmernder Schmuck
festlich steht der Waldrand
im Morgensonnenlicht

er, der sonst nur Luft trägt
bricht an diesem Wasser ein

ab und an hört man es splittern
unter den Ästen klaffen sie auf
die letzten Rosen

BRUNNEN

Das Eislaub des Winters zerfiel
und zerschmolz in weiche Klänge.
Die Steine begannen wieder zu atmen
und singende Bäume zu verbluten
aus pulsierendem, tönendem Glas
und kühl duftenden Bluten
aus sich verfangendem Sonnenlicht.

Mit weichen Worten
erfüllen die Brunnen
die Städte.

DIE KLEINEN, GELBEN PFERDE

Noch gibt die Nacht dem Tal kein Grün,
und Nebel ziehn wie Leichentücher übers Land,
doch schon erkennt man fahl ein Lichterband
und sieht die Rehe aus den Schatten ziehn.

Noch gibt die Nacht dem Gras ein Blau
und wie ein Meer wogt es zum schwarzen Tal,
wo die Pferde eng beisammen stehn, noch fahl
mit kleinem, müdem Tritt, der staubt am Tau.

Doch mit dem Licht bricht's hell
aus ihrem Fell, und mit kräftigem Bogen
biegt sich der Hals, und ihre Gesten sind wie Wogen
kleiner Boote, hin und her um eine Stell

geworfen im blauen, nächteblauem Meer.

(nach einem Bild von Franz Marc)

FAUN

lodernde Büsche, trockenwindige Bäche
glanzharte Sonne schlagend an Blätter
zikadene Glutfunken drücken
wallendes Leises wie Tücher aus Domen zäh gezogen
baumragend braune Säulen der Erde
drohen stumpf Glutschatten werfend
endlos
doch
zwischen ewig gegossenem Relief
kühlende Tropfen
springt Klang zwischenblattlich
eiskantig getriebene Luft
springt schwarzäugig
hohlharten Hufs
ziegenbärtiger Faun
springt
singt flötig
nagelnde Töne
singt
springt gesichtsstreifend
vorbei
ziegenfellig
striff
Haar
windschnell
ins Gesicht
pfiff laut
zerstieb
-

Geglaubtes

MYTHEN

Prinzipiell bindet die Illusion.
Eine Annäherung der Sterne,
ein Teleskop.

Die Geschichte geschichtet zuhauf,
ganz vornehergetragen,
bewegliches Tabernakulum.

Ohne eigentlichen Gegenstand Bedeutung,
Zeit ohne Masse,
schwer wie jedwelche Zahl.

Ausgedehnt wie ein Punkt
ist unsere Konzentration
absolut ohne Inhalt.

Unbekannte und uns selbstgeschaffene Sterne
richten die Fahrt untrüglich
irgendwohin.

ICH SUCHE DICH NICHT

Ich suche Dich nicht
und finde Dich verborgen
im Hinterhalt
in und unter den Steinen
abgedruckt im Blatt
in die Holzfasern eingezogen
Ring um Ring schlägst Du im Wasser
Welle um Welle löst Du Dich auf
An allem haftest Du von innen
streckst Dich in unsere Augen hinein
wühlst den Horizont in die Iris
gaukelst uns an

JAKOB

Er fühlte, etwas musste sich wandeln.
Er wusste nicht ob hinein oder hinaus.
Im inneren Kern oder an der äußere Randung
dämmerte es.

Die siebenfingrigen Hände setzten sich auf seine Brust:
Du musst durch mich hindurch!

Der da sprach umfaltete ihn,
erntete den Willen von der Stirn und
schnürte einen Abhang rund um sein Antlitz.

In einem Winkel standen beide die Nacht,
bis schließlich das Bein auf der sicheren Erde zerbrach.
Das Gesicht des anderen war ein goldener Schriftzug.
Deutlich prägte dieser sich ein:

Ich gewinne, wenn du mich besiegst.

JONAS

Im Bauch war Gott
strandete mit ihm
trieb ihn als wär er ein Esel
in die dreitaglange Stadt
öffnete seinen Mund und sah durch sein Auge
drohte und war wie Asche auf der Zunge
vergab und floss wie Honig über sein grelles Gesicht

Da wollte er ihn herausschütteln aus der Haut
abstreifen im Sand, ihn wegsehn

In der Wüste wuchs ihm ein Baum aus der Stirn
und kühle Früchte hingen im Wind
bis ihn die Sonne herabstach

Von der verödeten Stirn
fluchte er Gott im Auge
sah sein Herz schlagen
Wer wen bewegte
war unklar

NOAH

Er liebkoste die Jahrringe im Holz,
legte einen um den anderen um den Umfang seines
Versprechens,
baute über sich hinaus eine Kapsel,
um das Bewusstsein der Welt fortzudauern,
wenn die Flüssigkeit alles in Tiefe verwandelt.

Er nahm von allem zwei,
da das dritte den neuen Bund besiegelt
und den Gegensatz überwindet
wie eine vielfarbene Brücke.

Er erfüllte den Willen
und wurde zum Fortsatz zweier Prinzipien:
des Spiegels und des Gespiegelten.
Denn wenn die Spiegel zerbrechen, ist der Gespiegelte blind.

Er wuchs über die Tiefen
und seine Familie wurde die einzige der Erde.
Sein Wort wurde einzig,
seine Stirn die einzig freie.
Am Sternenzelt fuhr er entlang,
vom Grund aus sahen die Toten sein Schiff.

JOHANNES

Alles in allem war er kein Wegbereiter,
nur einer, der durch den Folgenden wichtig wird.
Für sich genommen ist er formlos wie verstreuter Sand.

Einzig als Fundament wird er aufgerichtet,
zielt durch den anderen über sich
und darüber zu etwas Unvorstellbarem.

Darum fastet er oder isst Heuschrecken.
Will glatt sein für Dich, den Kommenden, weiß,
der Kommende braucht ihn nicht.

Er ist kein Anstoß, kein Lehrer, von ihm geht nichts weiter.
Als er auf den Kommenden deutet, ist das der Moment,
in dem man ihn sieht.

SCHUTZENGEL

Er ist kein Schild, mehr eine Hand,
die doch nicht führt, sondern sich gibt,
schützt vor den Folgen, verursacht von uns
und anderen. Eine ständige Gegenbewegung,
die den Abgrund verschiebt.

War ich noch unbewusst, durchdrang er mich ganz,
füllte mich in den Körper, der wie ein Filter
die Stimmen der Welt zu mir bringt.

Kennt mich von Anbeginn,
begleitet mich weiter,
ist wie mein Schatten
und damit gegenüber dem Licht,
das mich nicht durchdringt,
sondern bleibt, die Augen belebt.

Als Körper an sich, doch ohne Gegenstand,
ist er den Sinnen unerreichbar,
überall und immer jedoch ganz.

Ständig spielt er meine Musik,
nährt mein Herz,
lächelt bei meinem Stolpern,
doch er achtet mich sehr,
denn mein ist ein ihm unerreichbares Ziel:
das Ende.

Schöpfung

Es war am Meer, es war am Strand
dunkles Rauschen, Sterne und Sand.
Ich war allein.
Kann es sein
Dunkles sprach in sich: Freiheit ist nicht für dich,
dein kreisender Strich nur ewig für dich?

Ich frug, ich sah ins Dunkle hin:
Kann es sein, dass nur ich es bin?
Bin ich zu zwein?
Kann es sein:
Wusch das Meer an Land dunkle Sterne und Sand,
mein Bild in den Sand, wusch mich Maler an Land?

Teufel lockt nachts mit Kinderschrei:
Nehme den Stock, setze mich frei!
Zeichne das Bild! -
Und es gilt
Vögel zu fangen, leis' zischend wie Schlangen,
kopflos zu bangen in Träumen, den langen.

Kopfkreisend fallen Gedanken,
werfe den Wahnsinn, den blanken
hin in den Strand,
mich in Sand;
alles verwoben, so in sich verschoben
lässt es mich toben. Herr, hörst Du mich oben?

Du hast doch den Menschen bestimmt,
als Abbild, dein Licht, mich bestimmt!
Ich bin allein.
Kann es sein:
Bin ich verloren, zum Tode geboren,
unfrei erkoren, dem Nicht-Sein verschworen?

Ewig bist Du durch uns, deine
Bilder - so werd' ich durch meine.
Bin ich zu zwein,
kann es sein:
Mein Bild sieht mich an, denkt, betet und getan
ist's ewig. Ich kann, halt' Zeit zum Stillstehn an.

Feine Striche: Mein Kopf wird leicht,
gelöst Kopfbild den Sand erreicht.
Sand-Auge rinnt -
tot-gestimmt.
Die Augen fallen, in den Sand sie fallen.
Die Winde schallen, durch mich sie nun hallen.

Ein Auge erschrocken im Sand.
zweites traurig-wissend sich fand;
Augen sind mein.
kann es sein:
Sich kein Körper fand. Bild ohne Gegenstand,
sich kein Schöpfer fand, Wind verweht Körnersand?

1

Alles ist nur ein Thema,
nur ein Thema und alles nur für das Eine
und niemals hinkommen, niemals erlangen in dem Allen
das Eine, das doch alles ist und das zu beschreiben
all diese Sätze und Bilder nicht ausreichen oder hinausschießen
über das Ziel.

Dabei will es zu uns kommen, deswegen gibt es doch alles,
deswegen ist es doch so viel und wir sind so viel um das Eine zu
erlangen,
das das Thema ist und warum doch alles geschieht, aber
vergebens geschieht,
denn das Eine geht in allem vorüber und wir gehn an allem
vorüber,
um das Eine zu finden, doch wir finden es nie.

Nimm den Schatten

Nimm den Schatten
nimm die Tiefe
die eh nur scheinbare
wende das Abgewandte
spiegle den Schatten zurück

wie ein Mandelkern
sitzt die Wahrheit
knallhart
hinter der Stirn

geht nicht fort
verweilt
im Hirnschloss
Tür um Tür öffnet sich
Spiegel um Spiegel
zerbricht

Tropen

BLAUE DROGE

Sie strömen von den Straßen und werden dann still,
ziehen in weiten Mäandern zum Meer.

Die Kinder staunen kurz über die Größe, doch bauen sie
schon ihre Burgen gegen die Flut.

Die Eltern aber schwinden in Sanftmut, ihr Bewegen
wird wie Wellen am Strand.

Gelassen nimmt man die Horden nahender Stunden,
denn in die Augen legt sich das Blau.

So stranden sie alle, das Sein wird zum Fühlen
und verliert jede Tat.

Ein großes Löschen um sich, Löschen der Füße im Sand,
Löschen des Atems im Wind.

So trinken sie alle die blühenden Säfte der Schwäche,
die reifenden Früchte des Körpers.

eine gewaltige Trance
eine begattende Schwäche
ein lindernder Schlaf
die süßen Fesseln eines
wunschlosen Körpers

nie wird man sich heben
und die Seele wird schwinden
Stunde um Stunde

jedoch fremd
blitzen die Möwen dahin
unwirklich die Fischer in den Booten
mit kräftigen Armen
die gespannte Flucht der Boote
die glitzernden Fische
die sie schattenden Geier

wie die Kinder
letzte Boten
unfassbaren Widerstands
nehmender Stärke

STRANDWIND

Und der Wind besteht nicht für sich, ist Ausgleich
und Abschied und Reise. Sich seiner fremd
erblüht er im Vergehn, erblüht ganz weich
auf seine Weise und lässt wie gelähmt

die Beweglichen stehn. Ziellos rauscht sein Blut
die Felsen ab, nimmt sich die Sehnsucht zur Weise.
Geht über die Toten hin zu wehn, geht wie die Flut
über die, die lebend stehn, klar, beständig und leise.

KOLIBRI (BEIJA-FLOR)

Wie wenn die Luft gerinnt und ein Stein sich sanft ablöst,
der knisternd im Raume festgenietet steht,
klein, doch unverrückbar steht; neben dem Baume döst,
zur Blüte stößt und zitternd daran weht –

so fremd konkret, selbstzweifellos und klar begeht niemand
sein Sein, weht niemand heran ohne zu staunen,
zu resignieren und zaudern, wie er. Ein bunter Diamant,
so gleichgültig stürzend, sein eigenes Raunen.

… und zerbricht so leicht in der Hand;
zerspringt im Auge am zweifelnden Löschen
der Räume, im ewigen Fragen am Rand

der Gedanken, die ohne Ziel fischen
im schwachen Gefühle des Seins, - ist verwandt
der Geburt und beginnt zu verwischen.

TROPENNACHT

Schweißberauscht, augentaub saugend an zuckrigen Düften
im schwülen Gewölbe der Nacht, dem Dom ewiger
Schwangerschaft;
benommen von der Größe der Mutter, von der Gnade
unbestraft
liebkost vom warmen Wind spielend über Katzenköpfe zu
driften,

uns im Hallen der Schritte wie in zirpenden Mitten
einfinden zu dürfen, zum Sternenkreuz zu richten,
dem Ort der neuen Geburt, wo sich vernichten
werden Anfang und Ende zum Tag. Inmitten

dieses unbewussten Fühlens, Wühlens im Weiten,
gleiten wir in schwarze Gedanken,
wanken im Schoße der Mutter und bereiten

uns vor auf ein Bluten ohne Gebären, den blanken
Wahn des Verbleibens im endlichen Tod, bestreiten
die Zukunft und versinken auf ewig wie Schiffe versanken.

MATA ATLANTICA

I.

Dort im Regen ist das Bewegen
der Wälder verschieden, legen
sich die Pflanzen noch mehr Gesichter
auf, sind die Maschen der Netze noch dichter.

Die Pfade sind noch mehr verwunden
und in den Tieren, den bunten,
schlummert mehr Gift und Eigenheit,
sind diese schwangrer an Möglichkeit.

Blüten gehn dort auf und ab,
Schatten brechen von den Bäumen herab,
überall tropft Suchen und Schweigen
klebrig schwül von allen Zweigen.

Dort wächst der Tod ins Leben,
wird im Sterben gegeben,
was das Leben sich stahl,
strömt in die Freude die Qual.

Und es blitzen die Blumenküsse
in die duftenden Nektarergüsse,
erbrechen die Früchte die Samen
und nie wird erlahmen

der Kampf um die Seele;
der Wunsch, dass sie sich schäle
aus dem Sichtbaren, ergäbe,
wie ein Baum sich erhebe

aus den jagenden Wellen
des Grüns, dieser Summe der Stellen
der Stille, der Fesseln und Riemen,
die ein Gerüst verströmen,

in dem sich die fangen,
die Klarheit verlangen,
die nicht verstehen,
dass es das Wehen

ist, das Tun und Gleiten,
die Gesten, die weiten,
und nicht der feste Moment;
dass mit dem Fassen der Seele, die Seele verbrennt.

II.
Der Wald ist die Seele des Lichts, das sonst im Nichts
des freien Tages verweht; ist der Körper des Lebens,
des pochenden, wütenden Strebens
nach dieser Seele im Nichts.

III.

Doch in den Herzen der denkenden Kinder,
die mit luftigen Augen die Dichte
durchstöbern und mit mächtigen Armen geschwinder

die Freiheit tragen, damit sich errichte
das All in der Seele und sich verminder
der störende Körper, die schweren Gewichte.

In diesen Herzen bauen sich Häuser und Bänke,
verwandelt sich blühender Reichtum in Wissen,
verstaut sich das Wachstum in Schränke.

So wird eine Welt errichtet und beflissen
geschichtet die leblosen Dinge; die alten Geschenke
aber vernichtet, die grünenden Säulen gerissen.

So stehn sie im Werken begriffen,
erfüllen ihr Sein an dem Schwachen,
befahren kalte Meere mit einsamen Schiffen,

stehn nachts in einsamen Wachen,
halten Ausschau nach verbliebenen Riffen,
sind sich selber die Wälder und machen

sich Schatten und Schweigen,
schaffen sich eigenen Reichtum und Fülle,
wachsen auch in Ästen und Zweigen.

Doch zum Unterschied fehlt in der Stille
die alte Seele, doch warum sich verneigen?
Ist Gott doch der eigene Wille.

ORQUÍDEAS

Als betörendes Fleisch schwellen die Lippen geöffnet heran,
brechen uns auf, bereiten den Nächten den Weg.

Ein Verlangen und Sehnen entflieht ihrem feuchten Gesicht,
geht fort und findet uns wieder im endlichen Schlaf.

Auf ihren Bögen liegen gezeichnet die Ströme der Schönheit,
und zum Empfangen bereitet berauschend ihr Duft.

In ihrem Blühen bewegen sich leis' gestoßene Töne,
sich öffnend dem erregt sich nahenden Ohr.

Und biegen sich ihre Glieder zurück in die Ferne,
fließen die Gedanken hinach ohn' jede Furcht.

Sind wir genommen, sind wir die ihren auf ewig,
doch führen ihre Pfade umwunden in uns.

So beschreiten wir Bogen um Bogen die sanften Arkaden,
blühen in Spiegeln an unserem Selbst.

Sind die Herzen sich freuend und weinend verbunden,
so zeigt sich der Mensch uns als Mensch.

Mit Menschen

Aufwachen

Früher gefiel mir an der Nacht besonders der Schlaf,
die Träume, die einfielen wie Falter,
der Atem, der gleichmäßig ging, innere und äußere Welt
verband.
Die Seele am Lagerfeuer erzählend um Mitternacht,
dem kleinen Verstand, dem verlorenen Kind.

Nach dem Schlaf aber wechselten die Gestalten:
Was nah war wurde fern, was groß war verschwunden.
Weithin waren die Augen allein.

Jetzt ist es anders:
Fließt der Schlaf von der Seele, umfängt mich dein Herz.
Dein Atem geht über den Mund.
Deine Haut strandet sanft an der meinen.

KUSS

Spur des Verweilens
die Süße des Vergehns
lässt das Ende vergessen
von Beginn an ein Schwinden
dies Schwinden zu zögern
zu lindern
die fülligen Lippen leise aneinander
tasten zu lassen
die Zunge blühn
berühren und eindringen zu lassen
- Der Mund schützt das Gesicht.

Mund der Ruhe, der Lust,
des Gebens und Nehmens.
Die Zunge nimmt Salz aus der
Grube der Tränen
und füllt mit Vertrautheit die Lider.
Geschmückt werden Gesichter und Körper,
vom Herzen beschlagen
der Mund.

SCHACHZÜGE

Ungewohnt sind mir die Krieger an der Hand
die pfeilschnelle Ungeduld
die wuchtige Gier
der zärtliche Läufer im Kreis

mein unfehlbarer Schlachtplan lautet überzuströmen
und alle Gegenwehr im Keim zu umarmen

zunächst ohne Verluste
opfre ich König und Dame
bringe dann den Herzbuben ins Spiel
als sinnvolles Köderfleisch

Bauer um Bauer händige ich über
ringe mein turmhohes Schreckenspferd nieder
Endlich, endlich ist es entschieden:
An allen Ecken und Enden, bist Du mir nah.

Nachrichten von der Insel

geborgen bin ich
geborgen hinter den Hügeln des Meeres
mein Ruhen geborgen hinter der Bewegung des Meeres
meine Freiheit geborgen
wie die Wellen umringen die Insel
wie die Berge umringen die Hügel
wie die Hügel umringen mein Herz
so bin ich geborgen

blau spannt sich die Glocke des Himmels
leuchtet in purpur, leuchtet in weiß
ruht in der Nacht
ruht im Traum mein Herz
die Glocke des Himmels, mein Herz,
mein Pochen

zu meinen Füßen geht der Fluss
der Weg rauscht unter mir
und ich blicke ihm nach
jetzt halte ich inne und blicke ihm nach
alles endet doch nur im Meer
doch ich schlafe vor dem Meer

nachts in meinem Haus höre ich es rauschen
ich höre das Meer, das an mein Bett brandet
ich höre den Schrei der Möwe
und Seewind streicht über mein Haar
meine Insel ist klein
doch ich wache nicht auf

meine Füße wollen stehn

meine Hände ruhn

meine Augen erblinden

hinter den Wellen

hinter den Bergen

hinter den Hügeln

liegt mein Herz

in Brache

PUNKT

Mehrmals ging ich in den Raum.
Ohne ihn zu verlassen, betrat ich ihn immer wieder.
Jedesmal war ich anders, und der Raum war anders um mich,
trotzdem betrat ich denselben Raum.

Die Zeit selbst stand still, ich las es am Zeiger an der Wand.
Außerdem nur so kann ich denselben Raum mehrmals
betreten ohne ihn zu verlassen;
nur so kann er und ich jeweils anders sein
und doch auch ein und derselbe.

Das alles war weder ein Geheimnis noch ein Rätsel,
sondern sehr selbstverständlich:
Ohne Zeit sind die Fragen durch Antworten gelöscht,
die Bewegung beginnt sofort am Ziel.

So ist alles auf den Punkt gebracht: Wir, Du und ich.

Allein wär niemand ein Mensch

Allein wär niemand ein Mensch,
gäbe es nur einen, wär dieser niemals allein;
man braucht das Fehlen des andern
zum Einsam-Sein.

Allein ginge niemand zugrunde,
gäbe es nur einen, würde dieser niemals vergehn,
denn man braucht das Leben der andern,
um das Sterben zu verstehn.

Allein wär niemand ein Mensch.
Wir brauchen einander um einander zu sein.
Wenn wir uns die Hände reichen,
offen oder zu Fäusten geballt,
verzweigen wir das Aufrechte,
rauschen im Wind, die die Sinne sind.

FRAGEN

Als Dein Körper nicht weiterwuchs,
warfen wir die Leere zwischen die Sterne,
verankerten die Erinnerung im Gürtel des Orion.

Dein Grab ist unangreifbar;
jede Nacht am Himmel
des Herzstillstands letzte Sonographie.

Im Bauch meiner Frau verkapselte die Leere,
ihre Hände sind wieder weich,
Liebe und Hoffnung erstarken.

Ich aber frage Dich,
denn auch ich war Dir nah und wie ein Vater:
Wie viel warst Du?
Lebtest Du? Konntest Du sterben?

LASS NICHT

Lass nicht
nicht das äußerste andere eintreten
das dazwischen
lass nicht eintreten, dass die Luft, der
Himmel einstürzt zwischen uns
lass nicht die Schritte einsinken zueinander
nicht das Hinschlagen der Herzen
nicht den Einfall der Sehnsucht
den schrecklichen
nicht

Mein Stern stürzt, stirbt mir die Nacht.
Fingst du mein Sehnen nicht
strömte alles mir aus
heißer Wind umspülte mein Herz
machte es trocken.

Transparenz

Schwacher, geöffneter, transparenter Satz.
Bleichfarben leuchtet ihr geschwungener Mund,
flüstert Angst in mich, trauriges „Gehst du?", und
es stirbt mir entfernt ein verlorener Schatz.

Meine Hand berührt die fiebrigen Rippen,
sonnenmüdes Angesicht, nahe Lippen;
leichtes Tuch, ein sonnenmüdes Augenlicht -
leichtes Tuch, ein sonnenmüdes Augenlicht.

Sonnenmüdes Angesicht, nahe Lippen.
Meine Hand berührt die fiebrigen Rippen.
Es stirbt mir entfernt ein verlorener Schatz,

flüstert Angst in mich, trauriges „Gehst du?", und
bleichfarben leuchtet ihr geschwungener Mund.
Schwacher, geöffneter, transparenter Satz.

ERHOB

Erhob er sich aus seinem Lager,
weil sie zitterte,
oder schien durch das Fenster ein leises Bild?
Als er ihren Mund küsste,
stürzte ihr Gesicht in seines,
fielen beide in tiefen Schlaf.
Fielen beide in tiefen Schlaf,
stützte ihr Gesicht in seines
als er ihren Mund küsste? -
Oder schien durch das Fenster ein leises Bild,
weil sie zitterte?
Erhob er sich aus seinem Lager?

Wandlungen

Rückkehr

Ich habe ein Haus gebaut, die Bäume studiert.
Habe die Wälder betreten und die Maße bemessen.
Nahm mir zur Frau eine tiefgründige Seele
und lehrte meinem Mund eine neue Sprache,
in deren Worten meine Gedanken sich kleiden.
Fasste Werke in ein Buch, ließ die Sehnsucht verwachsen.
Löschte Gewichte der inneren gegen Distanzen der äußeren
Ferne.
Zog mich zurück in die Berge, mit gut bemessenem Vorrat.
Verborgen wuchs mir das Herzfleisch über und über.

Kein Wunder, da ich nun zurückkehre,
warten meine alten Worte auf mich.
Wie treue Hunde hecheln sie, springen mich an.
Ich will Euch bei mir, schart euch!
Seid still und verschlossen, seid offen und unbenannt!

ICH STEURE AUF DEN WELLEN DES MEERS

Das Meer, es liegt noch immer endlos weit,
das Segel bläht sich mit dem Wind.
Die Takelage knarrt in wilder Heiterkeit,
ist gern zu schnellrer Fahrt bereit -
das Holz ist wie ein Blitz im Wind.

Es vergischt die Welle vorn am Bug,
im Ohr singt wütend das Rauschen.
Das Schiff ist auf dem Meer wie Pflug
und Beil, jagt wie der Möwe Flug
dahin, und die Menschen, sie lauschen.

Mit großen Augen sieht ein Kind dem Steuermann
zu, blickt nicht wie die andern zum Ziel.
Es sieht die machtvollen Hände an,
weiß, dass wenn er will das Steuer drehn kann
und das Schiff wird wenden den Kiel.

Zuvor hat es lange die Wellen besehn,
das Immer und Wiederkehren,
doch jetzt bleibt es beim Steuermann stehn,
sieht wie er ein Ziel lässt für alle geschehn,
träumt vom Steuern auf den Meeren.

Ich steure auf den Wellen des Meers,
die Sterne sind mein Geleit.
Ich steure auf den Wellen des Meers,
und unter mir wogt die Tiefe der Zeit.

Das Schiff, es jagt auf den Wellen dahin,
ich halte in Händen das Rad.
Das Schiff, es jagt auf den Wellen dahin,
ich wähle für alle den Pfad.

Ich steure auf den Wellen des Meers.
Oh Leute, ihr tut mir so leid!
Ich steure auf den Wellen des Meers.
Ich steure ans End eurer Zeit.

FRÜHLING

Müde blau wölbt sich der Himmel
unter der größeren Sonne;
graue Schatten zeichnen sich wieder aufs Gras
und Wärme, langsam und lastend.
Schwer bewegliche Menschen ziehen auf Pfaden
zwischen den Pflanzen dahin;
rotes Licht hinter geschlossenen Lidern,
die Blüten sich wiegend im durch
zarte Vögel durchschossenen Wind -
blendende Wasser und Straßen
und längere Zeit.

Die Menschen haben sich noch schläfrig erhoben,
um lange zu wandern -
bis sie fallen im Herbst.

HERBST

Frostig knistern glucklose Blätter.
Der Nebel entzieht jedem Tag mehr
des grünen Blutes.

Schroffer brechen sich die Tage aneinander,
zerspringen im Morgenfrost
die Gesichter des Fels!

Über Steinen glitzernden Wassers
gehen kürzer die Forellenlichter,
die Nacht bedeckt mehr den Grund -
sehr tief.

Jedoch immer noch kann man aufsehn
und blickt zurück.

WINTERMORGEN

Sternengleist Sternenglast Reif
Morgenlicht zeitfallend schräg
beatmet behangene Bäume
eisgedeckelte Flüsse
Erdangesicht knarrt unter Schritten
sturmsteil ragend
eiserne Lunge in mir
zerplatzende Bläschen
schneefallend sinken
Sternengleist Sternenglast Reif
Welt und Ich ineinander
zeitfallend schräg

HERBSTWALD

Der Wald schlug die Berge mit herbstlichen Farben.
Die Sonne bricht kalt ins Geäst. Bereift
sinken Blätter zum Schoße der Mutter, vernarben
die Wonne der alten Geburt. Gereift

senkt sich die Trauer ins Herz. Die Gaben
der verstreuten Stämme vermodern. Der Ruf
sich in die Leere zu senken, die Buchstaben
neu zu bedenken, ist überall. So schuf

der Wald uns des Körper der Leiden.
Er legt sich uns offen, auf dass unsere trockenen Häute
ihn umfangen dürfen; so werden wir Bräute
der Stämme, der Äste, vor allem der Wurzeln. Treu den

Wünschen einmal eins zu sein mit dem der ist
und stirbt. Wir wandeln uns ein in das Sinken der Blätter,
unser Sehnen ist Tiefe, Tiefe, die fließt
und trägt, die wie Hoffnung ist, und wie Retter

sind uns die Wurzeln. Oh, wie schön
dies Verschließen! Wissen wir doch vom neuen Erstehn
im Frühling. So ist unser Flehn
nur lange ruhen zu dürfen. Es wird vergehn das Vergehn.

Es kommt die Zeit und es will hinauf das Hinab.
Wir steigen im Saftstrom der Träume ins Leben,
doch plötzlich spüren wir ein Fremdes und streben
vergebens, weil einer kam, der schlug die Bäume ab.

MORGENDÄMMERUNG

Dies eine ist nah, ein sanfter Bruch,
der flächige Riss der übergängigen Wahrheit
und eine Geschichte alter Erzähler
von Wölfen und Feuer.

Ein Weichen und Flüchten ermattender Schatten,
ein letzter vergehender Gesang
der großen Versunkenheit
bis zum größeren Versinken
in Tiefen unter die gegenwärtigen Tiefen;
ein Streben weg von der Ferne
in eine fernere Ferne
zu Geistern und Hexen
und unerfüllbaren Wünschen
zur inneren Mitte der Nacht.

Ein Wegwischen gefühlter Vergeblichkeiten
und konturlosen Vergessens;
ein Wegwischen des Traumes vom Baum,
dessen Blätter unsere geschlossenen Augen waren,
die in andere Augen sahen -
wie unsere betäubt von leichter Schwere.

Der Satz dagegen verweht
diese sanfte Unendlichkeit,
öffnet die gefalteten Seelen
im Spruch zuwider
dem alten Bestehn.

Es liegt Tau,
die Nächtlichen schweigen.

ZEIT

Er hält seine Hände zeigzeitend auswärts gerichtet,

erwartungsinnig sich windgegen Häuser, Straßen

und Menschen gestemmt

die Augen flugwesend hinan

tickwärts rieselnd ungehalten hinan

in die Münder, die vieloffenen

fragend wohin ist er gerichtet

wohin die schmalen, blauen Hände weisend

wohin sein spiralig federndes Herz

Rast und Unruh gestammelter Laute

wohin

der letzte Schritt über die Schritte

hebt einen in bogenspannende Angst

in gewässerrauschendes Flüstern

in Wundern und Abwenden der Menschen

in verwitternden Wind

LEBEN

vom Nichts zum Nichts

wie aus dem Wasser springende, zurückfallende Fische

nicht geschaffen hier draußen zu sein

nicht geschaffen hier draußen zu sein

wie aus dem Wasser springende, zurückfallende Fische

vom Nichts zum Nichts

DANACH

Er trieb Fragen in die Gesichter
als er einzog
und die Angst wegwischte
mit dem Ende.

Stumm
und wie Nebel
verharrt er nun -
geboren aus Stimmen,
die längst zerrissen.

Ein dunkler Fremder sah
Kinder spielen
und kam sie zu besuchen.

Nun wohnt er
in Augen,
die nie mehr weinen.

WOLKENVERHANGEN

Wolkenverhangen wird verklingen der Tag,
feuchte Erde liegt ihm im Herzen.
Er wird in uns sinken und ohne Frag
wachsen uns Wolken im Herzen.

Mild und feucht wird ihm folgen die Nacht,
und sie trägt Trauer im Herzen.
Sie ist ein weites Schiff voll uralter Fracht,
und es bluten uns Blumen im Herzen.

Und ihr wird wieder folgen der Morgen,
er ist schön, trägt Sonne im Herzen.
Die Sonne löscht den Tau und Sorgen
zerbricht sie in den Stollen der Herzen.

Fortgeschriebenes

MEINE WORTE FÄRBTEN SICH ANDERS

Meine Worte färbten sich anders,
gehen in tiefem Schwarz einher,
ihr Blau ist nur noch manches Mal
und dann das Tiefblau der Nacht.

So erschrecken die Dinge:
Lebten mit mir Katze und Hund,
sie frören an meinen Worten,
scheuten mich,
blickten mit glimmenden Augen,
warteten bis ich schliefe,
zerbissen meine Kehle schnell.

Sinnlos

Sie warten und kämmen die Luft aus,
suchen das, was sich in die Lungen senkt,
das Innere ausfüllt, damit endlich aus unerklärlichen Gründen
(eh man es bedenkt) das Hirn wie das Herz zu pochen beginnt.

Dann wuchert es unter den Schläfen
und das Verborgene, unter Epochen der Verwahrtheit, quillt
hervor.
Träfen schließlich Herz und Hirn aufeinander, öffnete sich ein
endloser Horizont.

Sie wären froh dabei, unaufhörlich,
doch schrecklich ist die Freiheit von Innen:
Sie wären so frei, frei wie von Sinnen.

WIE EINE DÄMMRUNG WURDE DIE SEELE

Wie eine Dämmrung wurde die Seele
sternenlos
die Dämmrung des Morgens, die Dämmrung des Abends
wohl wäre die Ruhe ein Gutes
wohl wäre die Stille ein Gut

Traumlos sank ihm die Stirne durch

Wohin sich wenden
da Kerzen verlöschen
und die Sonne ein Kind ist
ein totes

DIESER WIND

Dieser Wind
will nicht ruhn,
will die Sehnsucht
nicht lassen ruhn,
will nur
immer gegenwärtig
das Herz ansäen
mit dornigen Rosen,
tiefrotem Blütenblut.

Er wandert kühl die
Adern entlang
und küsst mir die Augen zu,
flüstert ins Ohr:
Wenn ich geh,
musst Du bleiben.

WOHIN ICH WOHL GEHÖRE?

Ich sprech, les laut und hör mir selber zu,
folg meiner Stimme Bahn, die mich umkreist
und deck mich mit den Worten zu
und schütz' mich mit der Worte warmen Geist.

Ich bin allein und um mich ist Raum.
Der Raum ist weit. Von Zeit zu Zeit
fall' ich hinaus und häng im Baum
im dunklen Wald, hab Angst, und Angst ist weit.

Wohin ich wohl gehöre? Die Föhre
neigt mich einsam an und weht dann fort,
hinaus zu Ihrer Angst; damit ich nicht verlöre
meine Angst an ihrer, so bleib ich ohne Ort.

So bleib ich ohne Ort und freue mich
an jedem Wort, das blieb und treu
und wie ein Hund mich liebt und frage mich,
wohin ich wohl gehöre. Wohin? Dabei

sehn mich die Raben an im Schnee,
die lauten Schatten, die mich von weit schon sahn.
Seelenschwarz, die sind wie ich. Dorthin ich geh, ich geh.
Sie aber fliehn und strecken von mir ihre Bahn.

Schlusstakt

AUSGEDACHT

Ich denke ein Blatt
notiere und lege die Worte ab
denke den Himmel
und weiche der Sonne unter Laub
dorthin ich dachte den Pfad
denke mir Schmerz und Verzweiflung
denke mir Rettung
denke mir Liebe und Mehrzahl
hole das Blatt
lese die Worte ab
damit ich nicht
die Welt vergesse
von der ich Notiz nahm